PRINCIPES

DE

CARICATURES.

A PARIS,

DE L'IMPRIMERIE DE CRAPELET.

AN X.

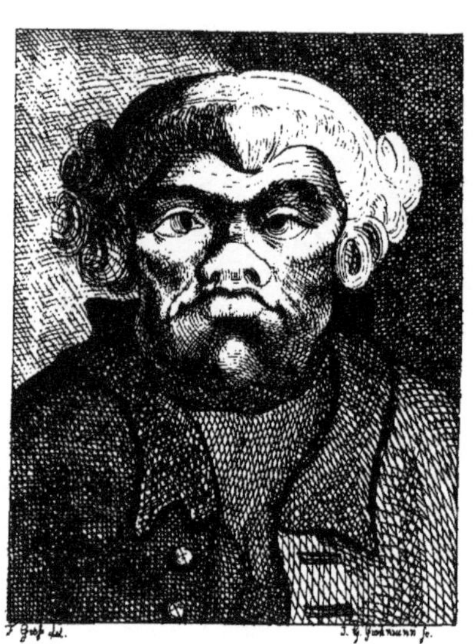

PRINCIPES
DE
CARICATURES,

SUIVIS

D'UN ESSAI SUR LA PEINTURE COMIQUE.

PAR FRANÇOIS GROSE,

Membre de la Société des Antiquités de Londres.

Traduits en français, avec des augmentations.

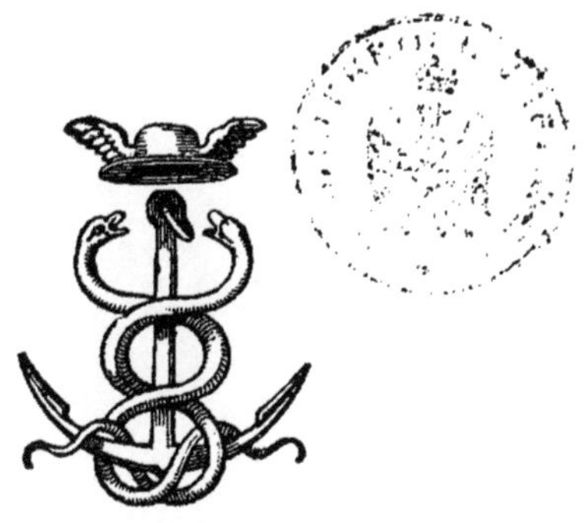

A PARIS,

CHEZ ANTOINE-AUGUSTIN RENOUARD.

AN X — 1802.

PRINCIPES

DE

CARICATURES.

Quoique l'art de la caricature soit, avec quelque raison, généralement regardé comme un talent dangereux, plus propre à faire craindre un artiste qu'à le faire estimer, on doit pourtant convenir qu'il y a beaucoup d'injustice à vouloir condamner un art sur l'abus qu'on peut en faire.

Pour décider sainement du mérite de celui dont nous avons intention de parler, on ne doit pas oublier qu'il est un des élémens de la peinture satirique, et que, comme la poésie de ce nom, il peut être employé avec le plus grand succès à venger la vertu et la décence outragées, en signalant les coupables au public, seul tribunal qu'ils ne peuvent décliner; et en faisant trembler à la seule idée de voir leurs folies, leurs vices, exposés à la pointe acérée du ridicule, ceux mêmes qui braveroient avec dédain de sanglans reproches.

Pour se former dans cet art, il faut que celui qui s'y destine apprenne à dessiner la tête d'après de bons principes, et d'après les formes et les proportions auxquelles les Européens ont attaché l'idée de la beauté *. Il doit se rendre familières ces formes, ces

* Les traits du visage humain, la forme et les proportions du corps et des membres, ne sont pas les mêmes dans tous les pays : c'est sur leur accord plus ou moins parfait, leur variation plus ou moins sensible, qu'est fondée l'idée locale de la beauté et de la laideur. Je dis locale, parce qu'il ne paroît pas qu'il existe encore une idée déterminée ou positive de l'une ni de l'autre. Pour qu'elle existât, il faudroit qu'elle fût par-tout la même, ce qui n'est pas,

proportions, se rendre habiles à les retracer de mémoire; dessiner ensuite d'après les

---

il s'en faut beaucoup; car elle diffère si fort suivant les pays, que ce qui, dans l'un, est regardé comme le complément de la beauté, passe, dans l'autre, pour l'excès de la laideur.

A Maroc et à la Chine, la beauté consiste dans un embonpoint excessif : dans les Alpes, les habitans des vallées remercient la Providence d'avoir orné leur cou d'un goître, qui ailleurs est regardé comme un objet révoltant de laideur.

Les grands et les petits yeux, les dents blanches et les noires font l'admiration de certains peuples. Les nez larges et épattés sont admirés d'une partie de l'Afrique; et les Tartares au contraire ont une prédilection si marquée pour les petits nez, qu'en parlant d'une femme du sérail de Tamerlan, on fait remarquer, comme un trait d'une grande beauté, qu'elle n'avoit absolument point de nez, et qu'elle respiroit uniquement par deux petites ouvertures.

Les sculpteurs de l'ancienne Grèce paroissent avoir soigneusement observé les formes et les proportions qui constituent la beauté chez les Européens, et s'y être scrupuleusement assujettis dans l'exécution de leurs statues; ces mesures se trouvent exposées avec exactitude

modèles en plâtre, dont Paris offre maintenant une suite aussi nombreuse qu'excellente

---

dans tous les bons livres élémentaires du dessin. Une légère altération de ces proportions, formée par la saillie de quelque trait du visage, constitue ce qu'on appelle *caractère.* Elle sert à distinguer ceux dans lesquels on la remarque, et à fixer l'idée d'identité. Mais si cette altération est outrée, elle devient charge ou *caricature.*

A ne considérer que superficiellement le peu de traits qui composent le visage de l'homme, et leur ressemblance générale, on croiroit impossible qu'ils pussent fournir une quantité suffisante de caractères assez variés pour distinguer un homme d'un autre. Mais quand, au contraire, on considère le changement étonnant produit par l'augmentation d'un trait, et la diminution d'un autre, par l'éloignement ou le rapprochement de leur distance réciproque, ou par un changement quelconque dans leurs proportions, on ne voit plus alors où doit s'arrêter l'étendue des combinaisons.

Les peintres de caricatures doivent s'attacher à ne pas outrer les traits caractéristiques de leurs sujets, s'ils ne veulent les rendre hideux au lieu de comique, et au lieu du rire exciter l'horreur et le dégoût. C'est

et peu dispendieuse ; et s'il en a l'occasion, il doit sur-tout aussi dessiner d'après nature.

---

pourquoi il vaut toujours mieux qu'ils se renferment dans les bornes de la vraisemblance.

La laideur, d'après les idées locales que nous en avons, peut être ou noble, ou commune. La différence entre ces deux genres de laideur paroît consister en ce que la première est positive, ou qu'elle pèche par excès, et que la seconde est négative, ou pèche par défaut. Quelqu'éloignés que soient de la beauté les visages convexes, les traits saillans et les grands nez aquilins, ils donnent pourtant un air de dignité à ceux qui en sont pourvus; tandis que les visages concaves et plats, les nez cassés ou bossus, semblent toujours annoncer quelque chose de commun et de bas. Les premiers semblent avoir outrepassé les bornes de la beauté, et les seconds n'avoir pu les atteindre. Les visages droits, qui étoient dans les femmes grecques un caractère de beauté, tiennent le milieu entre la négative de la laideur commune, et la positive de la laideur noble ou imposante. Peut-être ne devons-nous toutes ces idées qu'aux premières impressions qu'ont faites sur nous les portraits des grands hommes de l'antiquité, qui tous, à l'exception de Socrate, nous sont représentés avec des traits prominens et des nez aquilins. C'est aux portraits des douze Césars que ces nez doivent le nom de nez à la Romaine.

Dès qu'il sera capable de bien dessiner la tête, il pourra s'amuser à rapprocher ou éloigner les différentes lignes de proportion, y marquer la place des traits, et il aura le plaisir de voir résulter de ces diverses combinaisons différens visages extraordinaires, qui exciteront son étonnement. Il acquerra par ce moyen la facilité de saisir du premier coup-d'œil le trait caractéristique, particularisant tout visage extraordinaire que pourroit lui offrir la nature.

On doit d'abord, dans tout profil, se représenter une ligne, qui, touchant les extrémités du front, du nez et du menton, renferme tout le visage, comme on le voit aux figures 1, 2, 3, 4, 5, 6, 7 et 8 de la première planche. On doit ensuite remarquer si cette ligne est droite ou angulaire, concave ou convexe, ou si elle est mixte et participant de ces diverses formes. Cette ligne, qui forme tout le contour, doit être considérée comme constituant le genre ; et la variété accidentelle des traits, comme désignant l'espèce de la tête humaine.

Les différentes espèces de profils peuvent être divisés en

angulaires............fig. 1.
droits...............fig. 2.
convexes............fig. 3.
concaves............fig. 4.
droits-convexes.......fig. 5.
convexes-droits.......fig. 6.
convexes-concaves.....fig. 7.
concaves-convexes.....fig. 8.

Pour éviter toute espèce de confusion dans les profils mêlés, il faut avoir l'attention de nommer toujours en premier, la ligne de la partie supérieure de la tête. Ainsi, dans le profil convexe-concave de la fig. 7, la partie supérieure de la tête est convexe, et la partie inférieure est concave.

Les nez peuvent être divisés en

aigus.....................fig. 1. Pl. II.
aquilins ou romains.......fig. 2.
bec de perroquet..........fig. 3.
nez en forme de champignon.fig. 4.
droits ou grecs............fig. 5.
retroussés................fig. 6.
mixtes ou cassés...........fig. 7 et 8.

Dans toutes ces espèces on trouve de grands et de petits nez, et des variétés nombreuses parmi les mixtes ou cassés.

On peut ranger les bouches en quatre divisions principales, dont chacune est encore susceptible de diverses subdivisions.

Les quatre divisions principales sont :
1°. la bouche à lèvre inférieure prominente ....fig. 9.
2°. la bouche à grosses lèvres..fig. 10.
3°. la bouche de chien de mer..fig. 11.
4°. la boîte à dents..........fig. 12.

Les variétés les plus saillantes parmi les mentons, sont :

le casse-noisette......fig. 13. Pl. II.
le convexe-saillant....fig. 14.
le convexe-rentrant...fig. 15.
le concave-saillant....fig. 16.
le double............fig. 17.
le concombre........fig. 18.

On distingue dans les yeux différentes positions. La première est telle, que si l'on tire une ligne droite, elle passera sur la prunelle et dans les deux angles des yeux; la seconde, que si l'on prolonge deux lignes droites passant sur la prunelle et les deux angles des yeux, elles formeront un angle sur le front; et la troisième, que si l'on réitère le même procédé qu'on a suivi dans la seconde, elles formeront au contraire un angle sur le nez.

Suivant Le Brun, cette dernière position des yeux est affectée à la plupart des bêtes.

La première fig. de la planche III, nous offre un visage dont les yeux sont dans la position ordinaire, de sorte que la ligne droite qu'on tirera sur les deux angles des yeux, sera coupée en angles droits par la ligne du nez.

On voit dans la fig. 2, quelle doit être la position des yeux, pour que deux lignes droites passant par leurs angles, viennent former un angle sur le front.

Et dans la troisième, on voit la position que doivent avoir les yeux, pour que deux lignes tirées suivant le procédé que nous avons déjà indiqué, forment un angle sur le nez.

La distance ordinaire d'un œil à l'autre étant de la longueur d'un œil, on doit considérer une distance plus ou moins grande comme un caractère distinctif.

Il règne encore dans les yeux, tant par

rapport à leur forme qu'à leur grandeur, une variété extraordinaire qui s'étend aussi sur les paupières. Il y en a de grands, globuleux et saillans, et de petits, enfoncés, qui ressemblent absolument à de petites fentes. C'est avec des yeux de ce genre, qu'on nous représente communément les Chinois et les Tartares.

On remarque encore de la diversité dans l'épaisseur, la distance et la forme des sourcils. Quelques-uns décrivent un arc en s'élevant vers le front, d'autres sont droits et ombragent les yeux en manière d'auvent.

Les yeux et la bouche sont principalement les traits qui expriment les passions, de sorte qu'une bouche ouverte et des sourcils relevés sont les signes de l'étonnement et de l'effroi ; une lèvre inférieure avancée et des sourcils rapprochés expriment la colère, les deux angles de la bouche relevés expriment le rire, et abaissés, la douleur et les pleurs.

Il faut, pour bien exposer les particularités des yeux, représenter une tête de face; et de profil, pour bien déterminer celles du front, du nez et du menton. Au moyen de cette double représentation, on peut décrire les traits d'un visage de manière à en donner une idée tout-à-fait juste. C'est pourquoi un peintre de caricatures qui desireroit dessiner un visage qu'il verroit dans un lieu, où les convenances ou quelqu'autre motif lui rendroient l'exécution de son projet impossible, pourroit confier ce portrait à sa mémoire, au moyen d'un procédé dont on se sert dans les écoles; c'est-à-dire, en analysant et nommant par leurs noms tous les traits, comme font les étudians, qui, analysant une période latine, assignent à chaque mot son nom grammatical.

Prenons pour exemples les deux profils n°s 4 et 5 de la planche III. Le premier est droit et angulaire, le nez en est droit, les yeux à la chinoise, les sourcils arqués, le

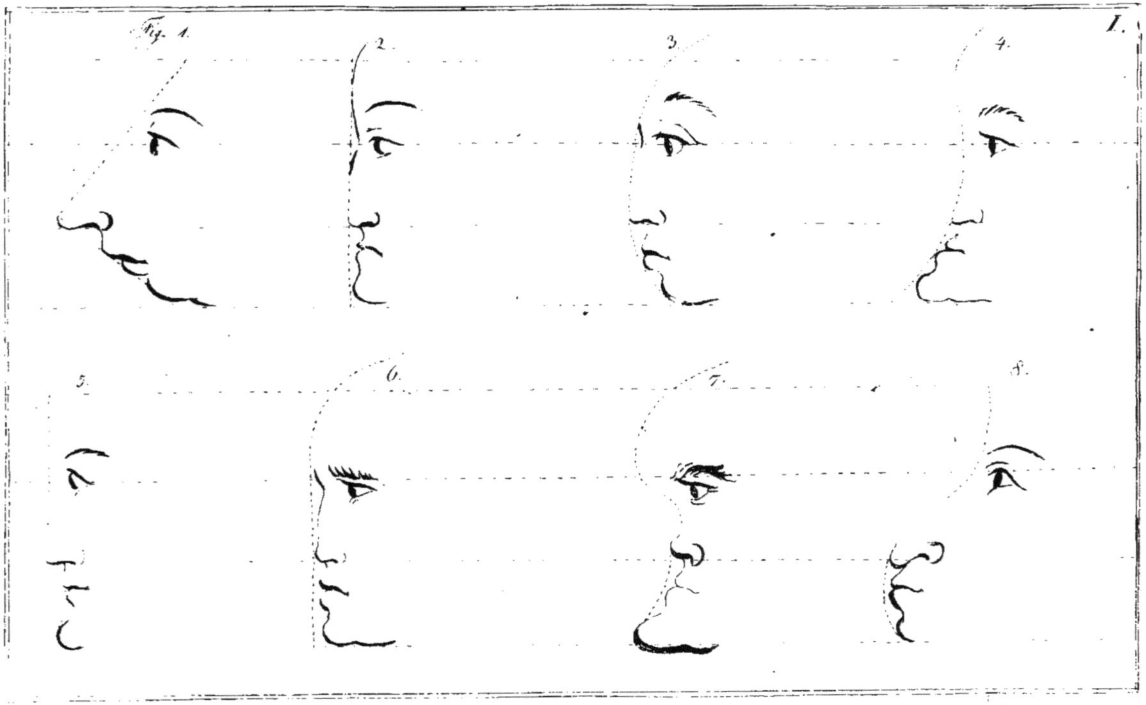

I.

Fig. 1. 2. 3. 4.

5. 6. 7. 8.

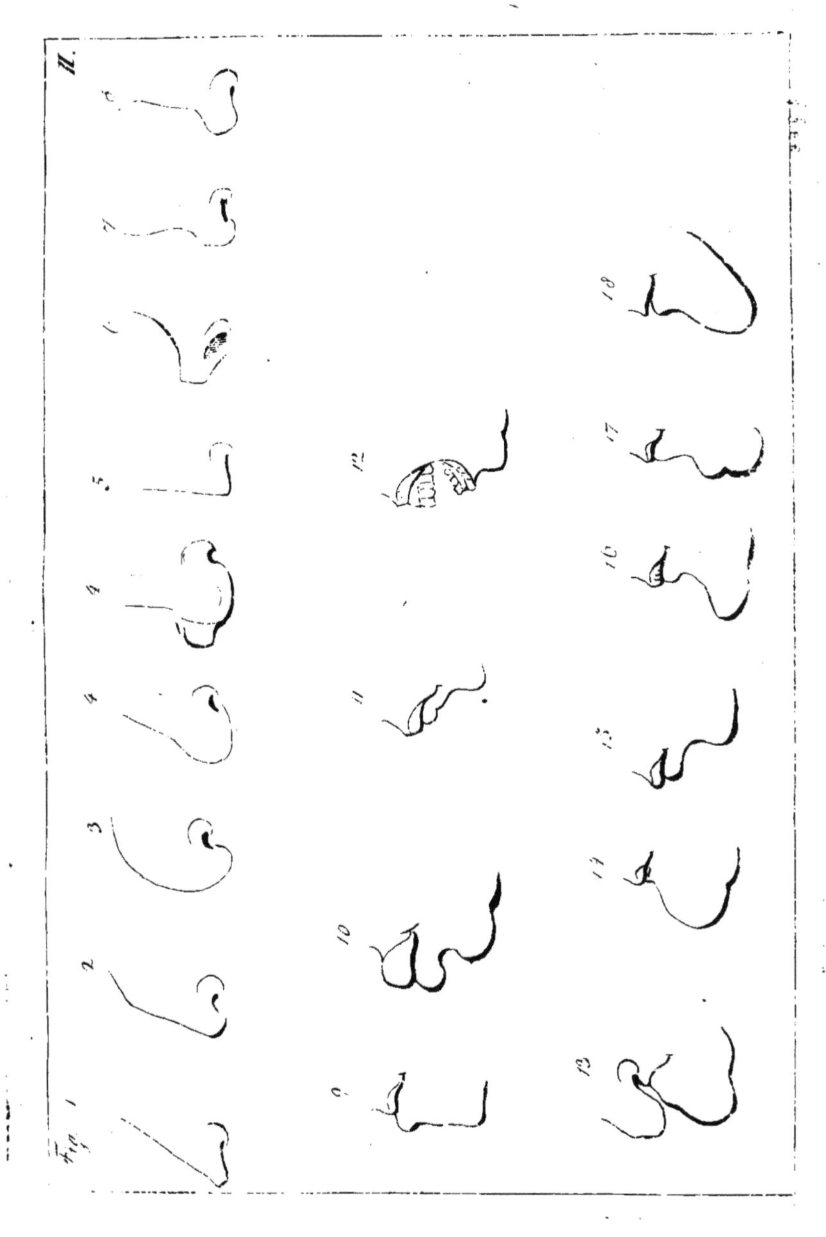

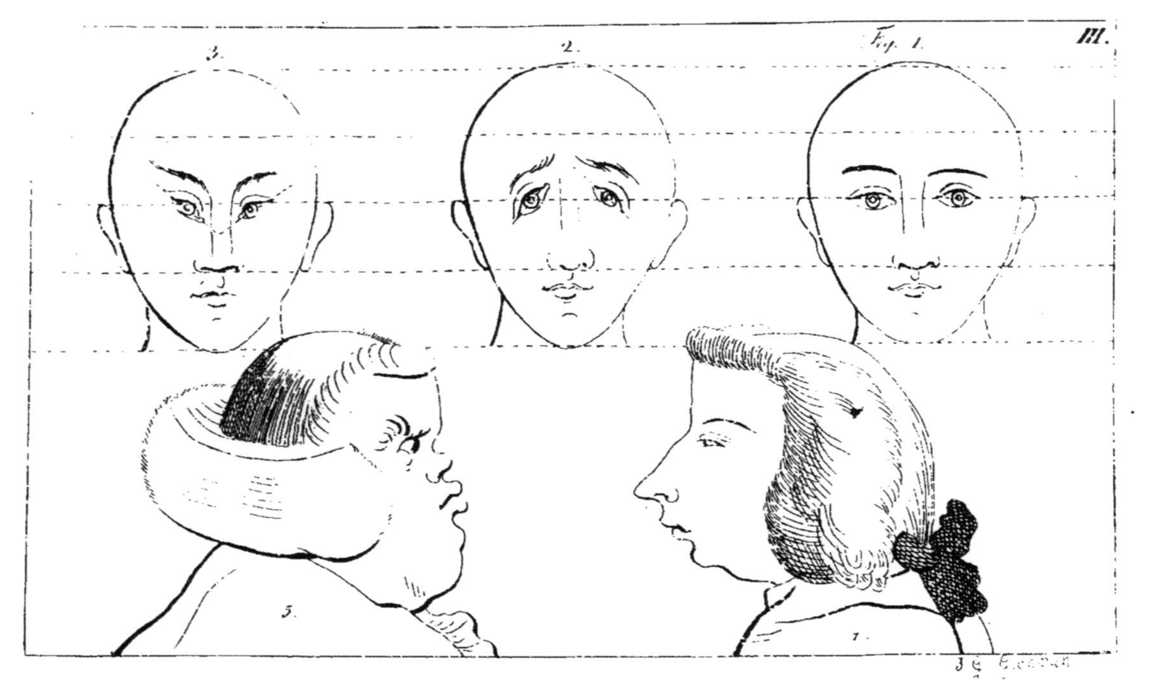

III.
Fig. 1.
2.
3.
5.
7.

menton reculé. Le second est convexe-concave, le nez en est épatté, les lèvres prominentes, le menton double, les yeux grands et globuleux, et les sourcils en auvant.

Comme il se trouve quelquefois des visages qui ont une ressemblance frappante avec certains animaux, il faut rechercher soigneusement les caractères distinctifs de chaque bête; se procurer, ou plutôt se faire des dessins exacts de leurs têtes; esquisser ensuite la tête humaine, en conservant, autant qu'il est possible, le caractère dominant de la bête qui ressemble au sujet que l'on dessine. On trouve plusieurs exemples de ce genre dans l'ouvrage que B. Porta a publié sur la physionomie humaine *. Hogarth en fournit aussi plusieurs dans ses productions: on en trouve un dans sa Porte de Calais, où sont représentées deux vieilles poissardes,

---

* De humana Physiognomia, libri VIII. Napoli, 1621. In-fol. Fig.

qui ressemblent à des poissons ; un autre dans le portrait de l'Hercule russe, où, sous la figure d'un ours, il a su conserver ses traits à son poétique antagoniste.

Il faut encore ajouter à tout ce que nous avons dit en faveur du dessin des caricatures, que cette étude, d'après les principes que nous avons donnés, est d'autant plus profitable au peintre de portraits, qu'elle le mettra à même de découvrir et de saisir avec facilité les traits caractéristiques des personnes qu'il aura à peindre.

On peut considérer et traiter, d'après ces mêmes principes, le contour et les formes du corps et des membres. Dans son analyse de la beauté, Hogarth a donné dans ce qu'on pourroit nommer esquisses de ses contre-danses, une méthode admirable de dessiner les formes et les attitudes de diverses figures.

En terminant ce petit Traité, l'auteur prie

ceux qui le liront, de ne considérer les esquisses représentées sur différentes feuilles, que comme des figures mathématiques, qui doivent servir à l'explication des principes qu'il a énoncés.

ESSAI
SUR
LA PEINTURE COMIQUE.

ESSAI

SUR

LA PEINTURE COMIQUE.

Il y a eu diverses opinions sur les causes du rire ; j'entends parler de cette espèce de rire qui est excité par la considération d'une idée bizarre ou d'un objet burlesque présentés à l'imagination ou aux yeux. Hobbes l'attribue à une supériorité que le rieur se présuppose sur l'objet de sa risée. Hutchison paroît croire qu'il est excité par un contraste ou opposition de dignité et de bassesse; et Beatie dit : « La propriété qu'ont certaines choses, de « provoquer cette émotion agréable du sen- « timent, dont le signe extérieur est le rire, « consiste en un mélange bizarre de rapports « et de contrastes, qui se trouve représenté

« ou supposé réuni dans un seul et même
« objet. Si l'on me demande, ajoute-t-il, si
« un tel mélange excite toujours le rire, je
« répondrai qu'il l'excite toujours, ou que du
« moins il en provoque l'envie, à moins que
« cette perception ne soit liée à une émotion
« plus puissante. »

De ce système on peut tirer une règle aussi simple que générale, et applicable dans la peinture à toutes les compositions comiques et burlesques. Cette règle est renfermée dans le peu de mots suivans.

« Rendez incompatibles l'emploi, les qua-
« lités ou les propriétés de tous vos sujets;
« c'est-à-dire, faites que les personnes ou
« les choses que vous représenterez, soient
« ou pourvues d'une charge, ou employées
« à un usage, dont l'âge, la profession, la
« proportion, la structure ou quelqu'autre
« défectuosité accidentelle, les rendent tout-
« à-fait incapables. »

Si, dans des individus déjà ridiculement représentés, on relève encore quelque léger défaut, soit moral, soit corporel, l'effet en est d'autant plus grand, que ce défaut semble justifier la critique et venir à son appui. Il faut toutefois, je le répète, que ce défaut soit de peu d'importance ; car des crimes ou de grandes difformités excitent l'indignation et la pitié, et sont plus propres à faire pleurer qu'à faire rire.

Ainsi un soldat lâche, un musicien sourd, un maître de danse à jambes tortues, un coureur chargé d'embonpoint ou attaqué de la goutte, un vieux fat, une coquette surannée, un prêtre ou un moine dans un lieu de débauche, un juge ivre au milieu d'une orgie, un tailleur montant un cheval fringant, sont autant de sujets comiques. S'il arrive que le moine soit volé, et qu'on le représente en chemise ; qu'on emporte le juge avec le visage balaffré, et la tête empaquetée, et qu'on voie le tailleur tomber dans un bourbier, on regarde ces événemens comme une espèce de justice poétique, comme une punition qu'ils se sont attirée en sortant de leur sphère.

Il faut toutefois avoir soin de ne représenter dans des scènes de cette espèce, que des personnages légèrement blessés, autrement elles cesseroient d'être risibles, parce qu'il n'existe que peu de personnes capables de rire d'un bras rompu ou d'un crâne fracassé. C'est-là une de ces bévues où tombent souvent, dans leurs pantomimes, les directeurs des théâtres anglais. J'ai vu un jour dans une pièce où Arlequin joue plusieurs tours à un médecin et à Pierrot, paroître un paysan qu'il leur adresse pour les consulter sur un coup de pied qu'il prétend avoir reçu d'un cheval de bronze. L'acteur chargé de ce rôle se présenta avec la tête si saignante, que la plupart des spectateurs, et sur-tout les dames, frémirent d'horreur à cette vue.

De tous les artistes qui se sont essayés dans ce genre, c'est Hogarth et Coypel qui paroissent avoir le mieux réussi. L'invention, l'expresssion et la diversité des caractères qui règnent dans les ouvrages du premier, l'ont élevé au-dessus de la rivalité, et les ouvrages du second, en ce genre, se bornent aux scènes comiques de l'histoire de Don Quichotte. La plupart des peintres flamands qui se sont adonnés à ce genre de peinture, se sont étrangement trompés, et ont pris l'indécence et la brutalité pour la gaîté et l'esprit.

En analysant quelques dessins de Hogarth, nous verrons qu'il s'est scrupuleusement assujetti aux règles que nous venons d'exposer. Considérons, par exemple, la scène de la prison, dans la Vie du Libertin (*Rake's Progress*) : quel contraste frappant ne trouverons-nous pas dans l'idée de détenir, malgré ses ailes, dans ce lieu de contrainte, un homme qui sait le secret de voler! Et cet autre individu qu'il nous représente emprisonné pour dettes, quoique possesseur d'un secret pour éteindre toutes celles de la nation, n'offre-t-il pas une contradiction aussi bizarre?

Jetons les yeux sur ses quatre parties du jour. Que peut-on voir de plus conforme à ces principes, que la scène près d'Islington, où, dans un jour d'été insupportable par sa chaleur, plusieurs bourgeois bien gros, bien dodus, s'entassent dans une petite chambre, où ils se récréent à fumer leur pipe, au bord d'un chemin bien poudreux, et le tout pour respirer l'air frais de la campagne? Avec quelle finesse, dans sa Porte de Calais, la grosse personne du moine, son admiration extatique à la vue de l'énorme longe de veau, ne font-elles pas ressortir cette sensualité si incompatible avec l'esprit de son état, dont la règle fondamentale lui prescrit l'abstinence et la mortification?

Tout le piquant, l'originalité qu'on remarque dans son admirable gravure du Musicien enragé, consiste uniquement dans la position qu'il a donnée à ce fils d'Apollon, dont l'oreille exercée et faite aux accens mélodieux de l'harmonie, est par cela même absolument incapable de supporter le tintamarre ou la confusion des cris tumultueux et discordans de la foule extravagante, dont le peintre l'a si comiquement et si ingénieusement entouré.

Le tableau des jeunes gens de qualité qui apprennent à danser, peint par Collet, est d'une heureuse composition ; et quoiqu'infiniment inférieur, par l'exécution, aux ouvrages de Hogarth, il n'en fit pas moins dans le temps un effet très-agréable, et sur la toile et sur la scène, où il fut représenté dans une pantomime. Il n'y avoit dans ce tableau aucun personnage qui, par son âge et sa tournure, ne fût décidément impropre au rôle qu'on lui faisoit jouer.

Indépendamment du principe fondamental de la peinture comique, que nous venons de poser et d'éclaircir, il existe encore d'autres considérations, qui, pour être d'une moindre importance, ne sont pas moins dignes d'être connues de l'artiste.

Des objets, qui, considérés séparément, n'ont rien en eux de ridicule, forment par leur contraste, quand ils sont rapprochés, des effets qui le sont infiniment. Supposons que deux hommes bien faits, l'un très-grand et l'autre extrêmement petit, passent ensemble dans la rue, je réponds que, quoique chacun d'eux eût pu passer séparément sans être remarqué, ils n'échapperont pas à la raillerie des mauvais plaisans.

Il en sera de même d'un mari et d'une femme, si le corps grêle, la complexion délicate et efféminée du mari, contrastent avec les larges épaules, l'air et la taille hommasses de sa femme; et dans cette occasion le ridicule viendra de ce que le mari aura l'air d'être plutôt fait pour recevoir du secours de sa femme, que pour lui en donner.

Des anachronismes dans les costumes font pareillement un effet très-comique. Représentons-nous, pour en juger, le roi Salomon peint dans toute sa pompe avec une perruque à queue ou à bourse, une cravate garnie en dentelle, de grandes manchettes, en un mot habillé à la moderne. Et ne riroit-on pas aussi de bon cœur, si, dans un siége de Jérusalem, on représentoit devant cette ville l'empereur Titus et les principaux chefs de son armée en grandes perruques et en bottes fortes; qu'on peignît leurs chevaux avec des chabraques galonnées, des pistolets avec leurs fontes, et que, dans le lointain, on vît la ville au milieu du feu des canons et des mortiers?

Les représentations théatrales de l'Angleterre offrent une foule d'absurdités de ce genre. On y voit la chambre de Cléopâtre décorée d'une pendule, d'un clavecin ou d'un forté-piano; la salle de Marc-Antoine avec une grande cheminée garnie de carabines, de mousquets, de fusils de chasse, &c. et décorée d'un tableau représentant la prise de Porto-Bello par le brave amiral Vernon.

Rien ne prête plus à des représentations comiques, que cette fureur qu'ont en général les personnes de tous les âges et de tous les états, de toutes les tailles et de toutes les tournures, de se rendre les esclaves des modes, sans s'embarrasser en aucune manière si elles conviennent à leur figure et à leur rang. Des habits, qui n'ont de soi rien de ridicule, le deviennent souvent par les personnes qui les portent, ou par les lieux où ils sont portés.

Quoiqu'une perruque ample et bien frisée donne à un magistrat vénérable un air plus vénérable encore, on ne peut pourtant pas s'empêcher de rire , quand on en voit une sur la tête d'un jeune conseiller sans barbe; et, quoiqu'une perruque à nœuds prête un air de gravité à un médecin , elle ne contribue pas peu à rendre encore plus ridicule le costume d'un charlatan. Elle ne sera pas moins comique si elle est placée sur la tête d'un jeune Savoyard faisant danser sa marmotte. Une frisure volumineuse et un ample habit de voyage sur un chariot de poste découvert, ou une parure complète et une épée au côté à une course de chevaux, sont également des objets qui prêtent au ridicule.

Des personnes revêtues d'un caractère respectable, s'occupant de choses peu convenables à leur état, fournissent encore des sujets au pinceau comique. Tel seroit, par exemple , un Lord Maire ou un Echevin , qui, décoré de sa chaîne d'or, danseroit au son d'une corne-muse, &c. Des occupations auxquelles des accidens rendent impropre, peuvent jeter du ridicule sur un caractère, par les raisons mêmes qui, sous un autre point de vue, le rendent respectable. Supposons, dans ce cas, un militaire privé d'une de ses jambes, et dansant un menuet avec une jambe de bois, son action sera risible : supposons-le, au contraire, marchant ou se tenant debout, sa jambe de bois le rendra alors un objet de vénération, et le présentera sous le point de vue le plus intéressant, sous celui d'un homme d'honneur souffrant pour la cause de sa patrie.

Outre ces sujets généraux, il y en a d'au tres, qui, semblables aux tours des baladins, s'attireront toujours les applaudissemens de la multitude. On doit ranger dans cette classe des allusions au caractère national, telles que seroient celles d'un Irlandois à cheval, portant sur sa tête un grand porte-manteau, dans la vue de soulager d'autant sa monture; d'un Gallois avec sa chèvre, ses poireaux, ses bottes de foin et sa longue généalogie; et d'un François maigre avec une veste galonnée, une bourse à ses cheveux, de longues manchettes tombant sur ses doigts, et une chemise en guenilles. De ce genre sont encore les allusions relatives aux professions. Le public semble avoir acquis par une espèce de prescription le droit de se moquer d'un médecin, d'un apothicaire, d'un tailleur, à cause de son métier, d'un bailli, d'un recors, et sur-tout d'un marguillier en charge.

Des voitures, des enseignes, des ustensiles et d'autres choses de ce genre, peuvent être employés avec succès comme accessoires dans la peinture burlesque. Un coche énorme, pesamment chargé, traîné par quatre misérables rosses, et honoré du titre de coche-volant; le bâton d'un constable, dont cet officier, ivre, se serviroit pour s'appuyer dans sa marche; une inscription mal énoncée ou mal orthographiée, sur la porte d'une académie, sont autant de sujets qui sont de son ressort.

Des sujets sérieux et sublimes traités par des artistes sans jugement et sans critique, ont quelquefois produit des effets très-burlesques, et opposés à ceux qu'ils s'en étoient promis. Nous en trouvons un exemple bien frappant dans une certaine Bible angloise ornée de gravures. Dans celle qui doit servir d'explication au verset 3 du chap. VIII de S. Math. « Pourquoi voyez-vous une paille « dans l'œil de votre frère, vous qui ne vous « appercevez pas d'une poutre qui est dans « votre œil? » L'artiste a exprimé l'état de ces deux hommes de la manière suivante : il a représenté dans l'œil de l'un d'eux, un château avec un fossé et toutes ses dépendances; et dans celui de l'autre, il a planté une pièce de bois aussi grosse qu'une poutre.

Il n'y a pas long-temps qu'on voyoit encore, dit-on, en Hollande, dans une église non loin de Harlem, un tableau bien plus ridicule encore. Il représentoit le sacrifice d'Abraham. Ce patriarche étoit peint un grand pistolet de selle à la main, et prêt à le tirer sur son fils Isaac, pieusement agenouillé devant lui sur un bucher; mais un ange qui plane sur sa tête, prévient la catastrophe en mouillant l'amorce au moyen d'un torrent considérable, produit de la même manière que celui avec lequel Gulliver éteignit l'incendie du palais de l'empereur des Lilliputiens.

Nous trouvons encore un exemple de ces compositions accidentellement burlesques, dans l'État militaire de la Porte ottomane, par le comte Louis Ferdinand de Marsigli, des académies royales de Paris et de Montpellier, et de la société royale de Londres.

Pour donner une idée du soin avec lequel ce seigneur avoit approfondi les objets, et les avoit, pour ainsi dire, considérés sous toutes les faces, il s'étoit servi de la métaphore ordinaire, Passer au crible, et l'artiste voulant rendre littéralement cette idée, a ainsi disposé son ingénieuse vignette : il a représenté le comte élégamment vêtu, avec un chapeau à plumet, une perruque nouée, et des bottes fortes, faisant passer par un crible fort serré, posé sur un trépied, de petits soldats turcs de tous les corps, dont plusieurs sont confusément étendus sur le carreau, des chameaux, des chevaux et leurs cavaliers, des canons, des boulets, tombant pêle-mêle les uns sur les autres. De l'autre côté de la vignette il a placé des soldats, des officiers en perruque, qui ont l'air de regarder tout cela comme la chose du monde la plus simple.

Je terminerai cet Essai par un exemple de cette sorte de représentations, qu'un homme digne de foi m'a assuré avoir vu à Paris, à l'exposition des tableaux.

Le sujet de celui dont il est question, étoit la mort du Dauphin, et voici comme le peintre l'avoit traité :

Le Dauphin, pâle et défait, étoit représenté couché sur un lit de camp orné de tout ce clinquant qui plaisoit si fort aux François. La dauphine, qui, dans l'attitude affectée d'une danseuse d'opéra, fondoit en larmes au chevet du lit, étoit entourée de ceux de ses enfans qui vivoient encore ; et sur des nuages au-dessus de leurs têtes, on voyoit le jeune Duc de Bourgogne qu'ils avoient perdu, et deux embryons, fruits d'autant de malheureuses couches. L'ange ducal étoit entièrement nu, et portoit seulement l'ordre du Saint-Esprit sur la poitrine.

EXPLICATION

DES

FIGURES.

FRONTISPICE.

Le Dogue d'antiquaire.

I. II. III.

Principes du dessin des caricatures.

IV.

Diverses têtes de caricatures.

V.

Addition aux Principes du dessin des caricatures, par M. le lieutenant Berggold.

Fig. a. formée d'un cercle parfait sur l'idéal d'une tête de chien. Extrême indifférence.

Fig. b. formée de deux angles élevés l'un sur l'autre, et dont les extrémités des côtés curvilignes se confondent sur une ligne horizontale, tirée du nez à l'oreille. Joie stupide et insensée.

Fig. c. formée d'un carré perpendiculairement élevé. Flatteur ou adulateur.

Fig. d. mélange de lignes. Sot orgueil.

Fig. e. formée d'un triangle sphérique. Envie ou dépit.

VI.

Fig. a. formée d'un pentagone, sur l'idéal d'une tête de chat. Malice raffinée, fourberie.

Fig. b. formée d'un carré incliné. Bigote ou béate.

Fig. c. formée de quatre profils de cloches. Sérénité, contentement.

VII.

Marc-Antoine et Cléopâtre.

VIII.

Société d'antiquaires considérant le pot-de-chambre de Baodicie.

IX.

L'antiquaire gras et l'antiquaire maigre.

X.

Le médecin et le juriste.

XI.

Le président d'une société d'antiquaires.

XII.

Antiquaires faisant de profondes réflexions.

XIII.

Le contraste.

XIV.

La dévote et son fidèle époux.

XV.

Le médecin antiquaire.

XVI.

Les connoisseurs.

XVII.

Le club de politiques.

XVIII.

Les antiquaires dans l'embarras.

XIX.

Le cavalier.

XX.

La milice de Londres en marche.

XXI.

Le maître obligeant à la gêne.

XXII.

Le revenant de la cave du château parmi les buveurs.

XXIII.

a. Que je suis aise de vous voir ici !

b. Le connoissez-vous, mon enfant?

c. C'est la première fois que je le vois.

---

d. Il faut que je t'embrasse encore une fois.

e. J'appelle ma maîtresse, vous dis-je.

---

f. L'élégante en chaise à porteurs.

---

g. Quoi donc, c'est ma femme! oh! vous étiez trop charmante pour une nonnain.

---

h. Vous n'avez qu'à approcher l'œil fermé tout près de la glace, et vous verrez toutes les merveilles du monde.

XXIV.

a. L'éducation d'Achille.

---

b. Enfin, mon cher monsieur l'avocat, j'ai pourtant gagné mon procès à un tribunal.

c. Mon cher ami, je parie dix contre un que vous n'en verrez pas la fin.

---

d. Martin embrasse sa chère petite Annette qui coupe de l'herbe.

---

e. Vous avez beaucoup écrit, monsieur le Docteur, sur les vivipares et les ovipares; mais dans tout ce que vous en avez dit, je ne vois rien qui puisse me faire connoître dans quelle classe je dois placer cette bête-ci.

f. Eh, monsieur! dites-moi, je vous en prie, si jamais vous avez entendu parler d'une chatte qui pondît?

XXV.

a. *b*. Le médecin et le Maître des cérémonies.

---

c. Bon jour à votre bonnet de nuit.

---

d. Je crains bien, Jean!... que la voiture ne soit pas à la moderne, mais je suppose que tu ne prendras rien de moi.

e. Monsieur, il faut, avant tout, que vous voyiez les harnois..... ils sont à la dernière mode.

---

f. La course de chevaux.

XXVI.

a. Il me semble que cette robe est gâtée aux épaules.

b. Oh, madame! je n'ai jamais fait de robe mieux que celle-là; elle vous va comme un gant.

---

c. Le joli couple.

---

d. Les commères.

---

e. Taisez-vous, Zéphyrs! et vous, feuilles, cessez de frémir et de vous agiter! ma Délie dort, et rêve à mon amour.

XXVII.

a. Votre serviteur très-humble, monsieur.

b. Je tiens à honneur d'être le vôtre.

---

c. Vraiment, Madame, en vérité!

d. Qu'est-ce que vous dites?

---

e. Il faut que je fasse ce pas-là, ou le diable s'en mêlera!

f. Bravo, bravo, parfaitement bien en vérité.

---

g. Femme adorable!

h. Ah! mon très-cher ami, ne me faites pas rougir!

---

i. Pour le coup, je la tiens!

k. Ah! ma perruque, ma perruque!

XXVIII.

a. Alexandre le Grand... Idée sublime! votre portrait sera admirable!

b. C'est un caprice de ma femme.

---

c. J'espère pourtant que vous nommerez cela action.

d. Par-là morbleu assurément.... action toute pure.... C'est du Garrick même.

---

e. La tête droite.... point de distractions!

f. Je ne sais ce que c'est, mais je ne peux absolument pas tourner mes pieds en dehors comme ils devroient l'être.

---

g. Ombre décevante du Lord mon bien-aimé!

h. Enfant! comme ces comédiens t'ont tourné la tête!

---

i. Danseurs Ecossais.

FIN.

II.

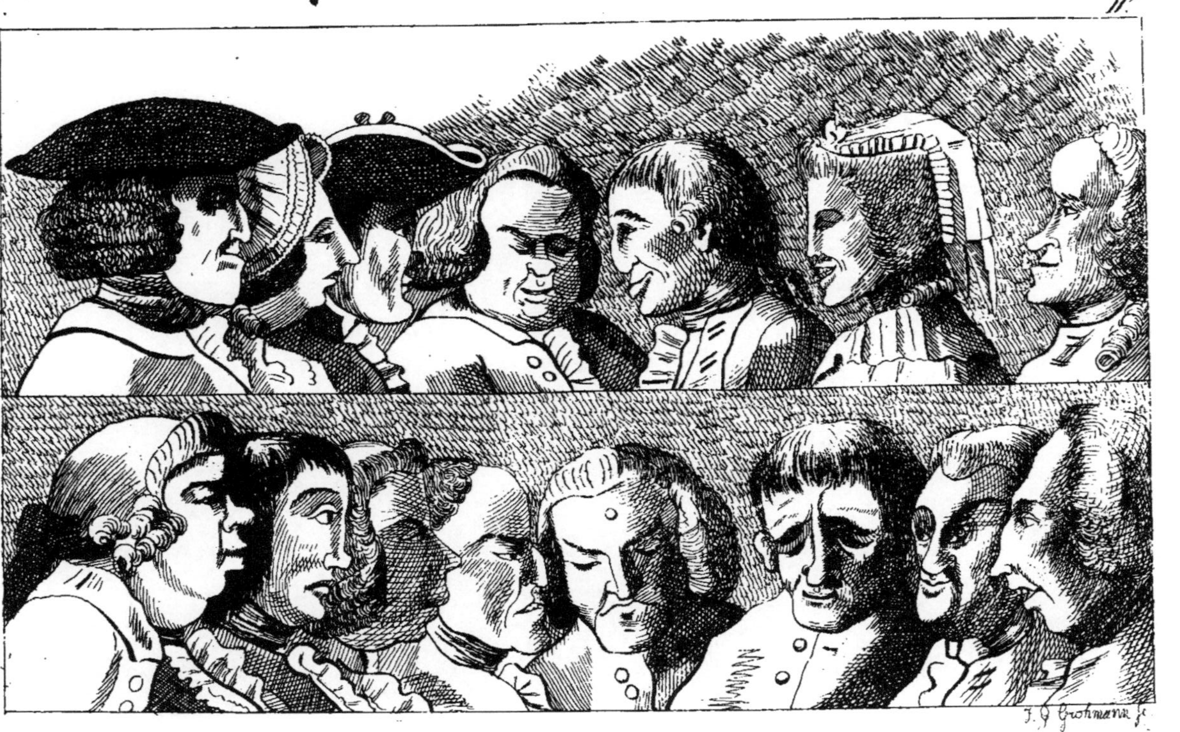

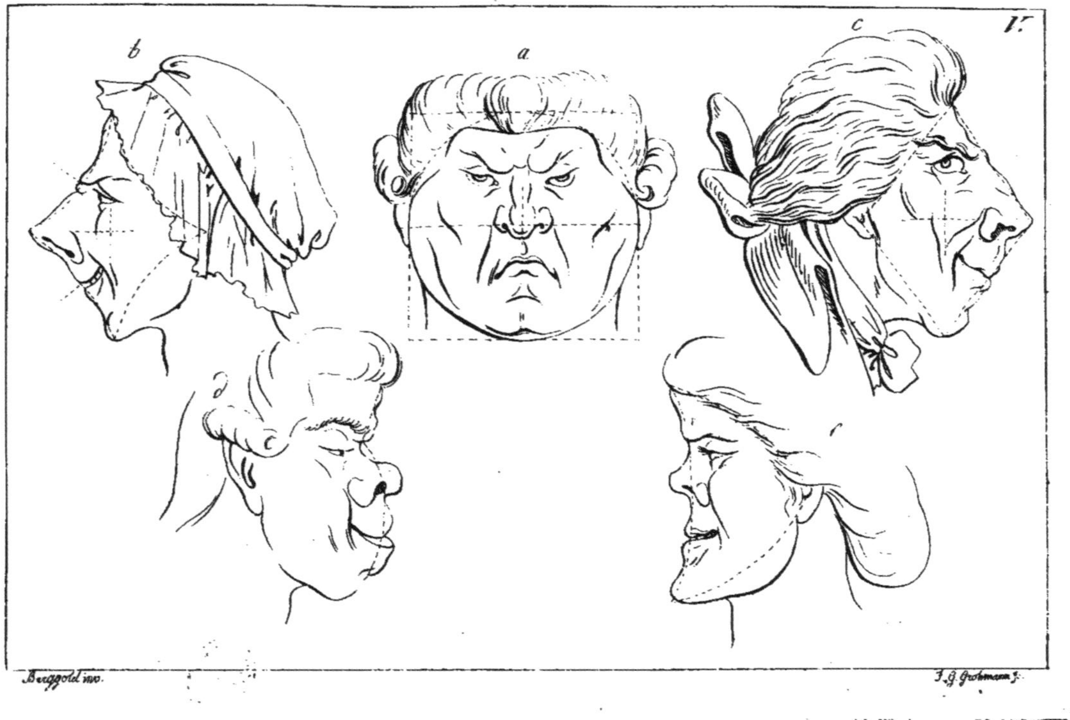
V.
b
a
c
Beggold inv.
J. G. Grohmann sc.

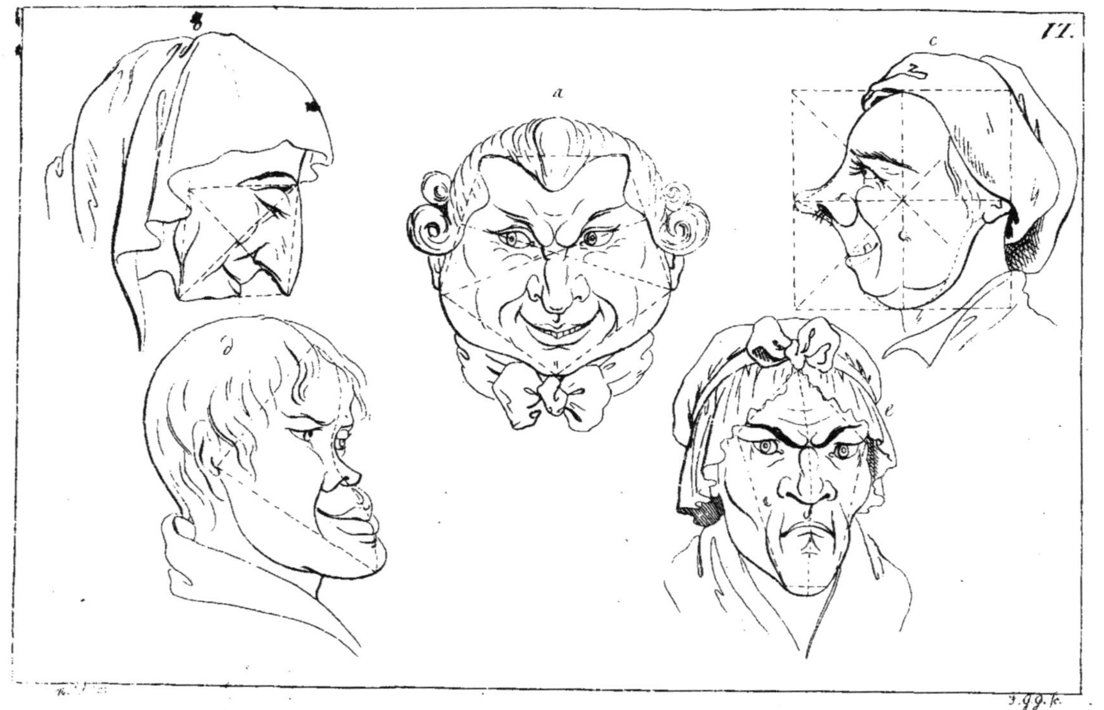
II.
a
b
c
d
e
J.g.g.k.

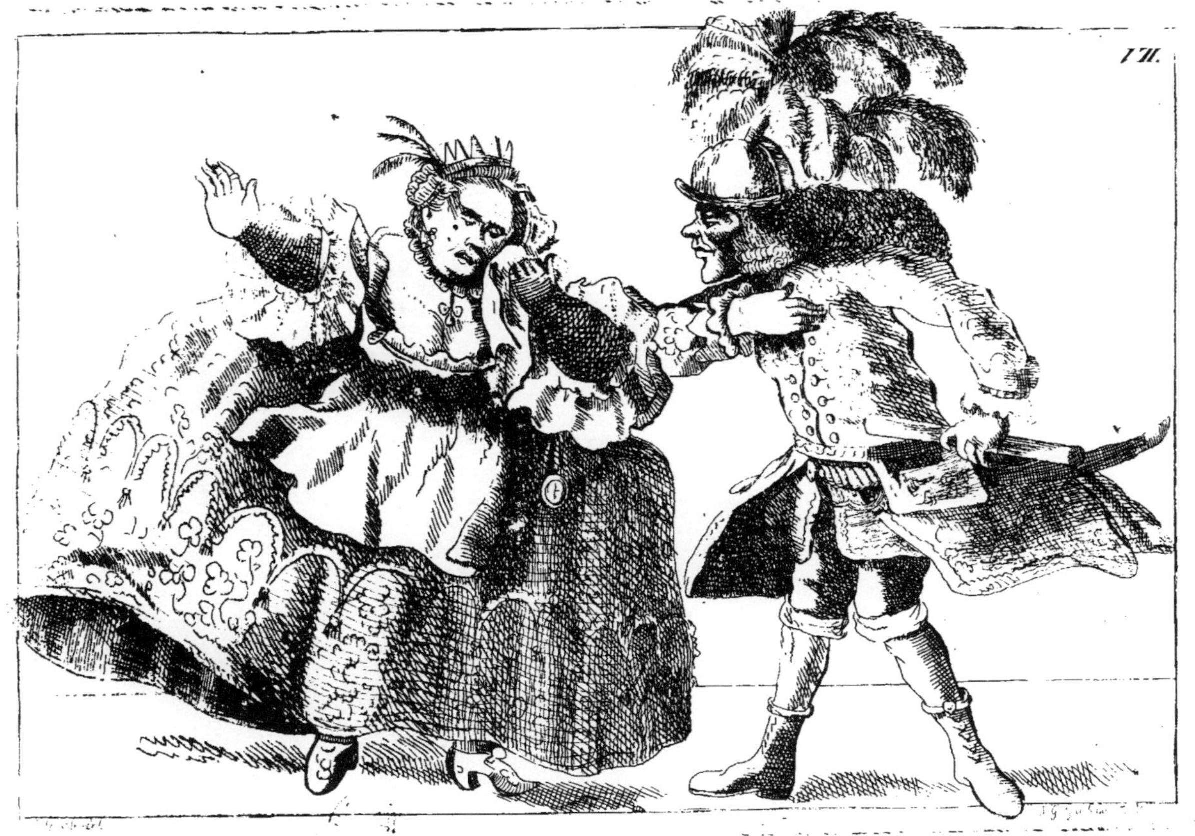

VII.

VIII.

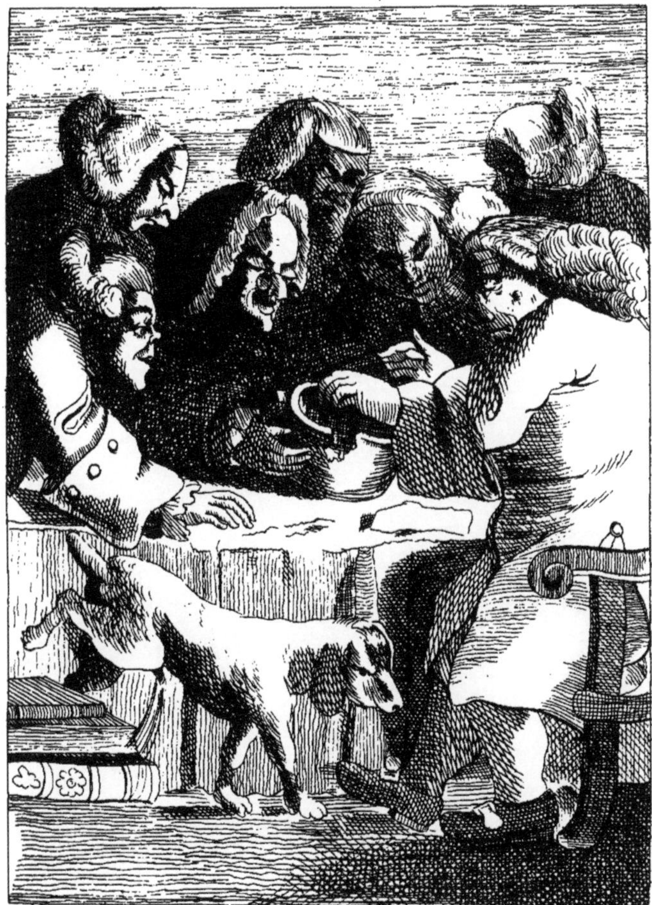

T. Groß del. J. G. Brohmann fe.

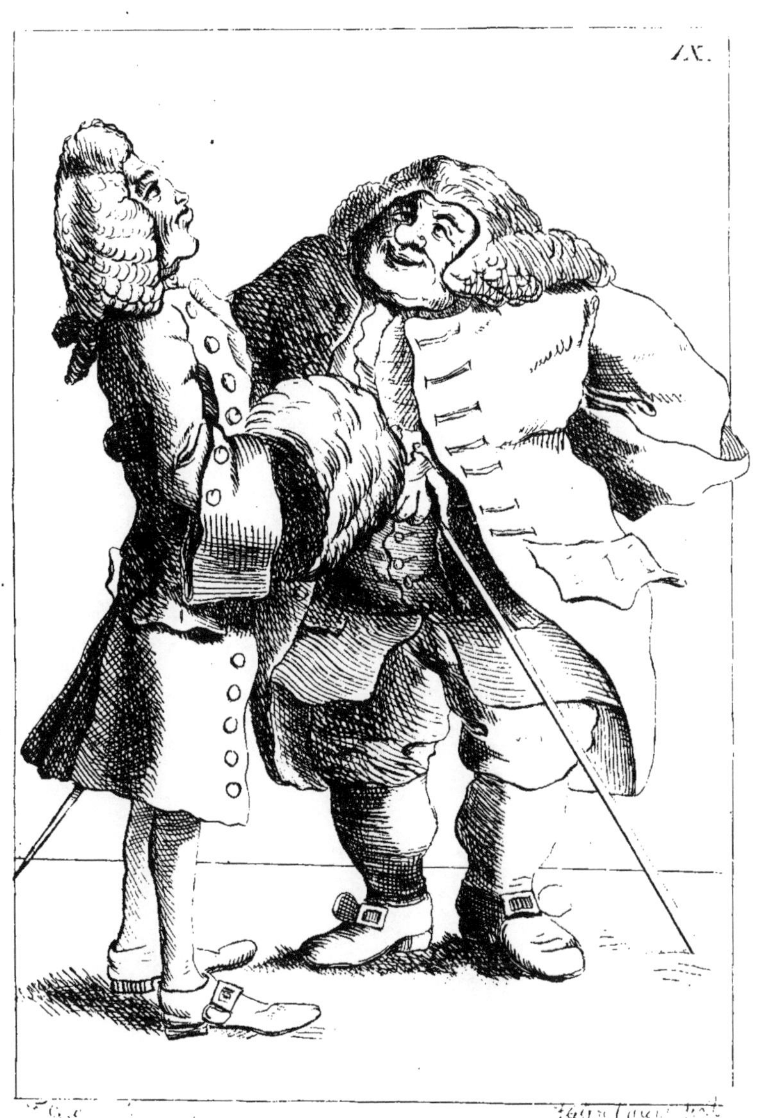

X.

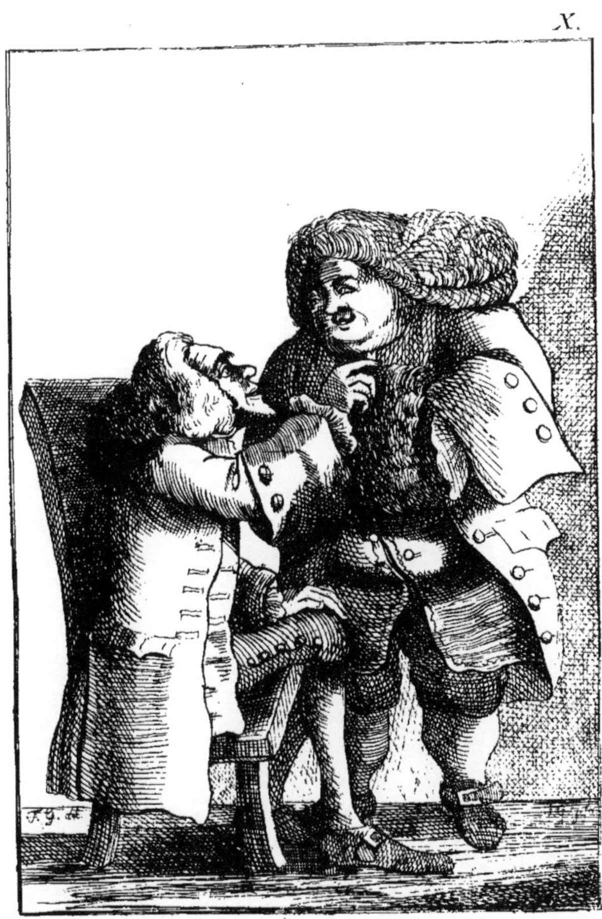

XI.

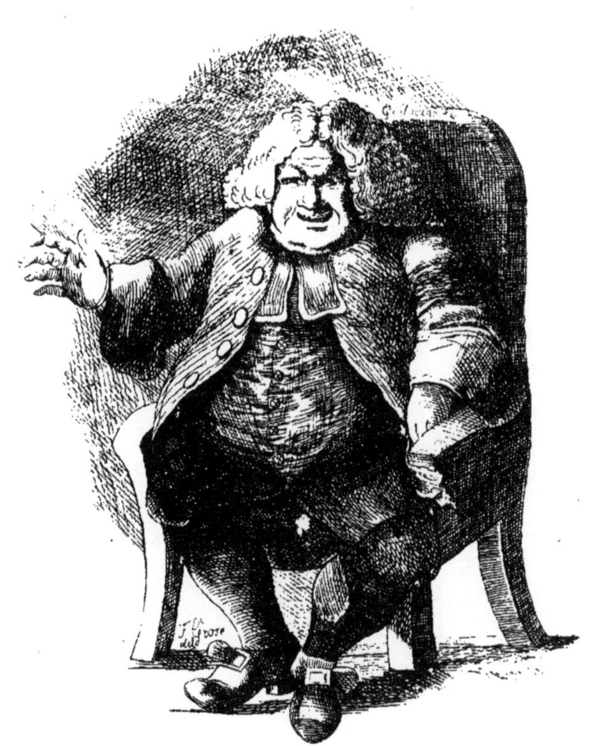

XII

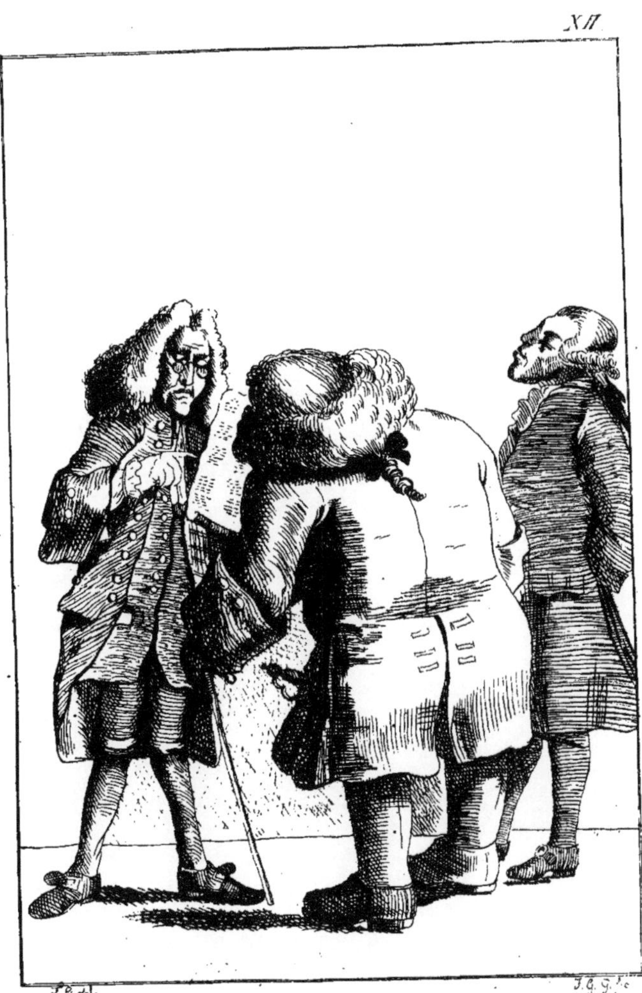

J. G. del. J. G. G. fc.

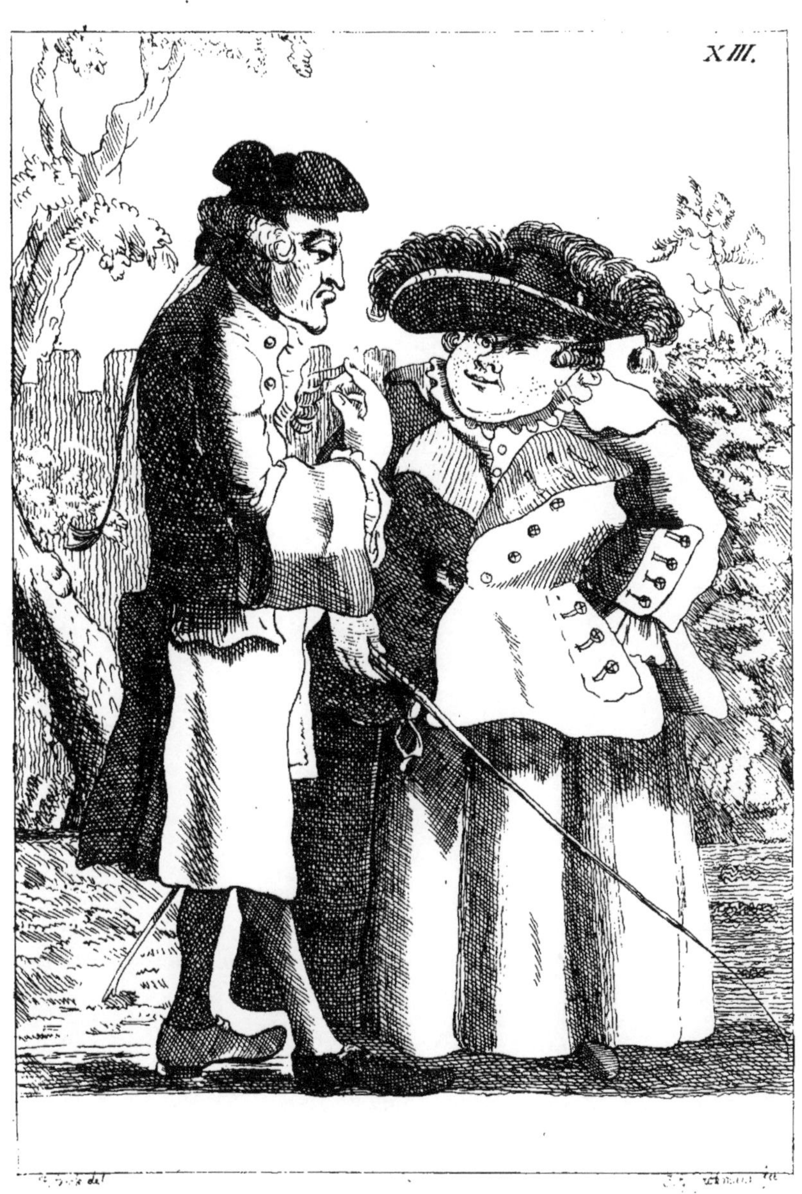
XIII.

XIV.

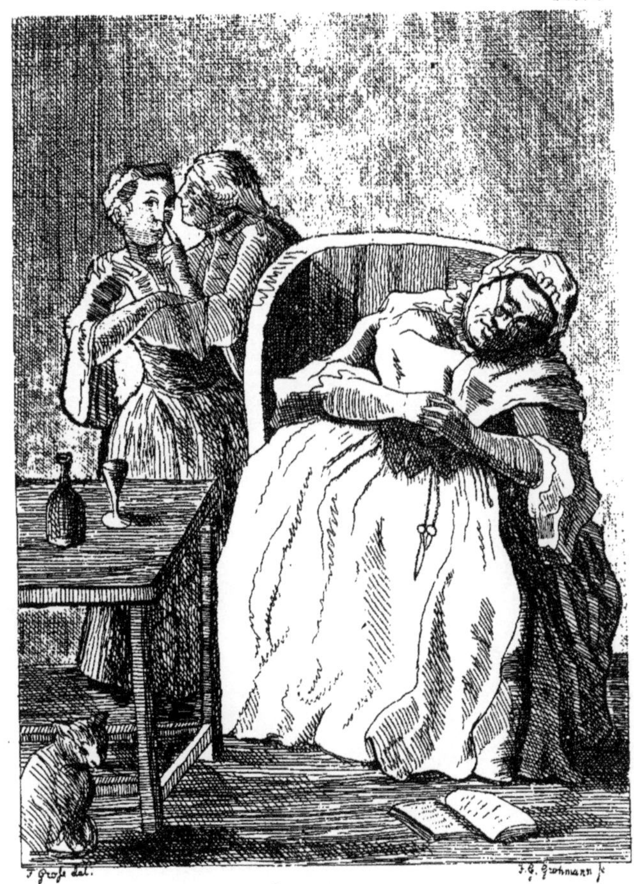

J. Große del. J. G. Grohmann fc

XIV.

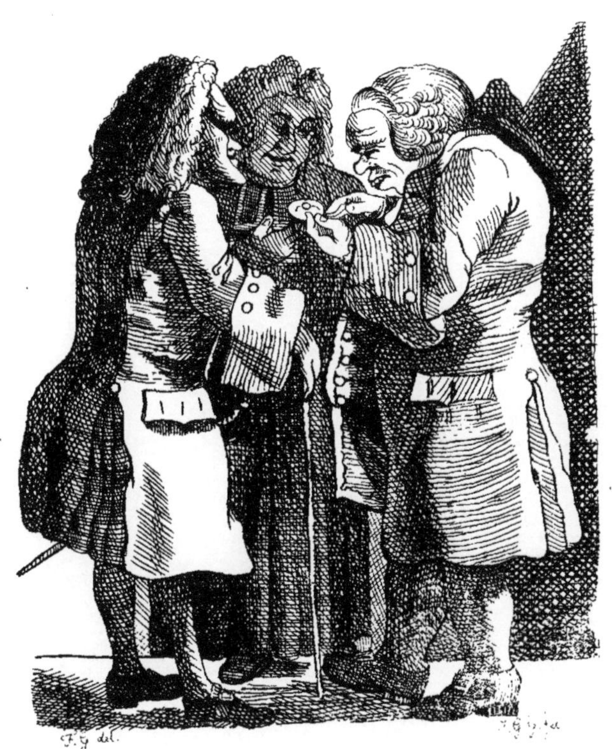

XVII.

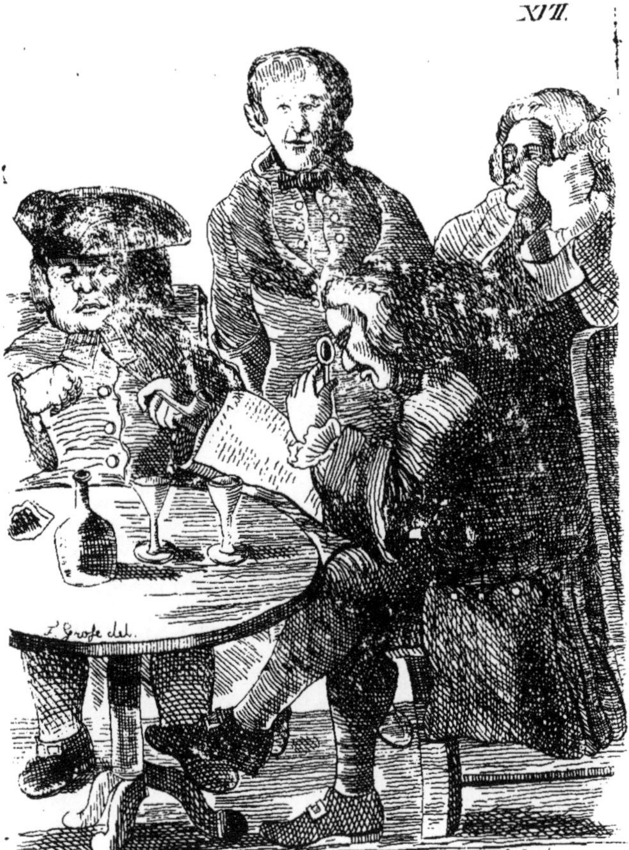

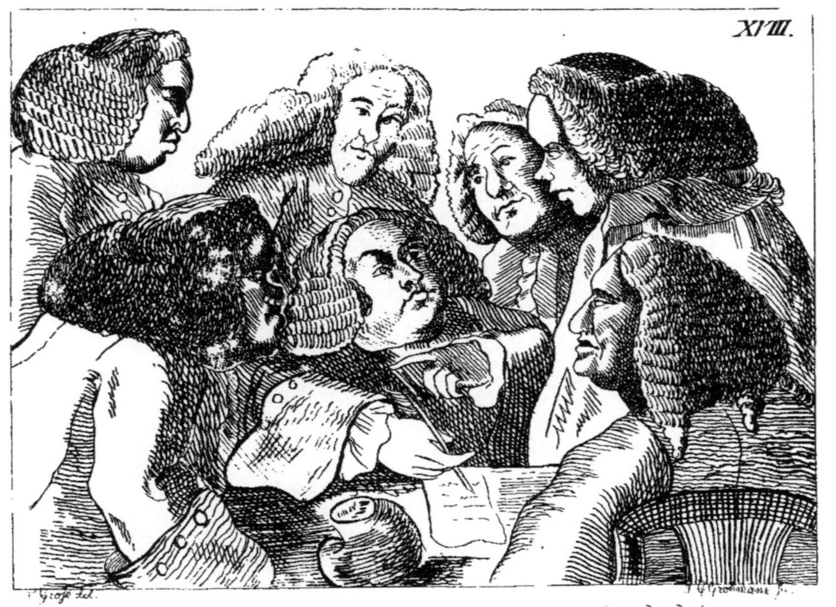

XVIII.

XX.

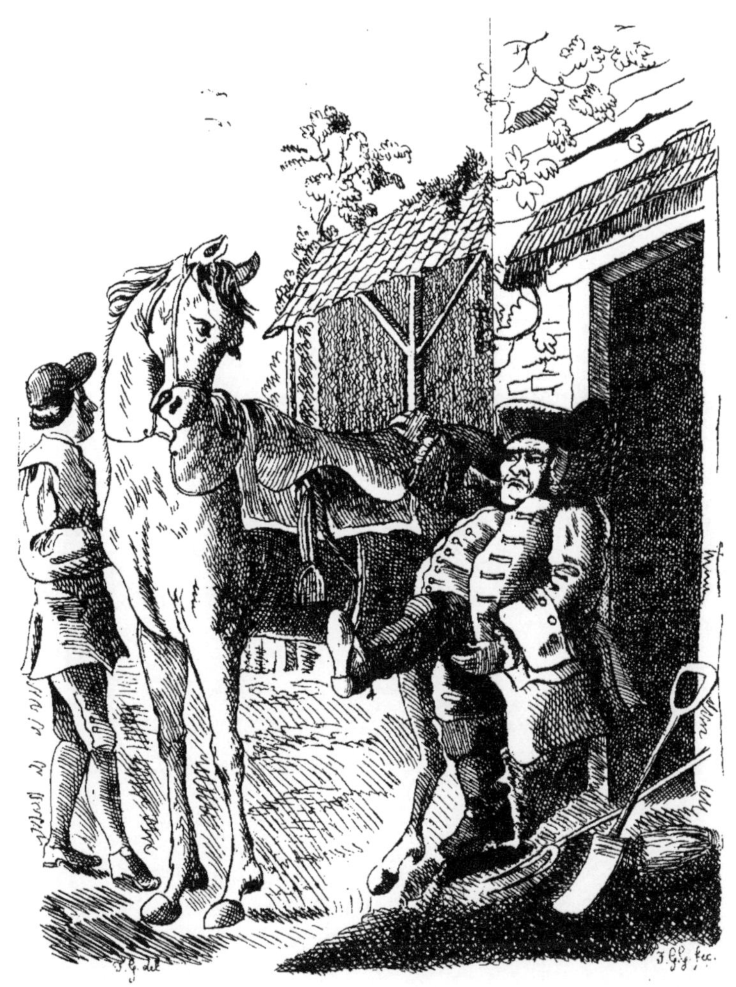

XX.

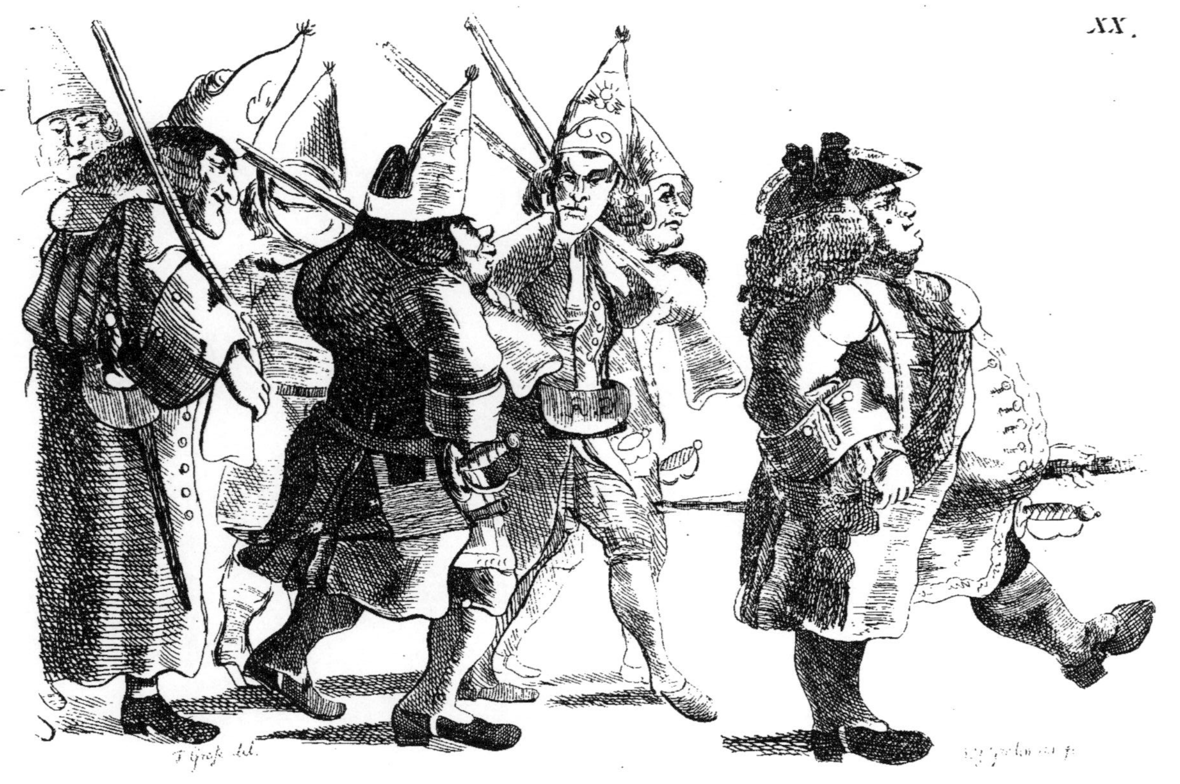

XXI.

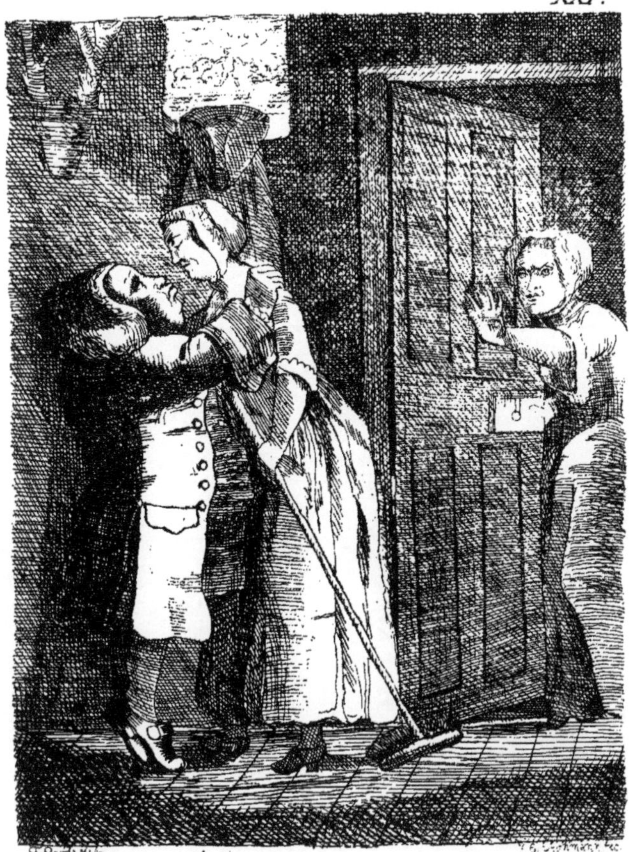

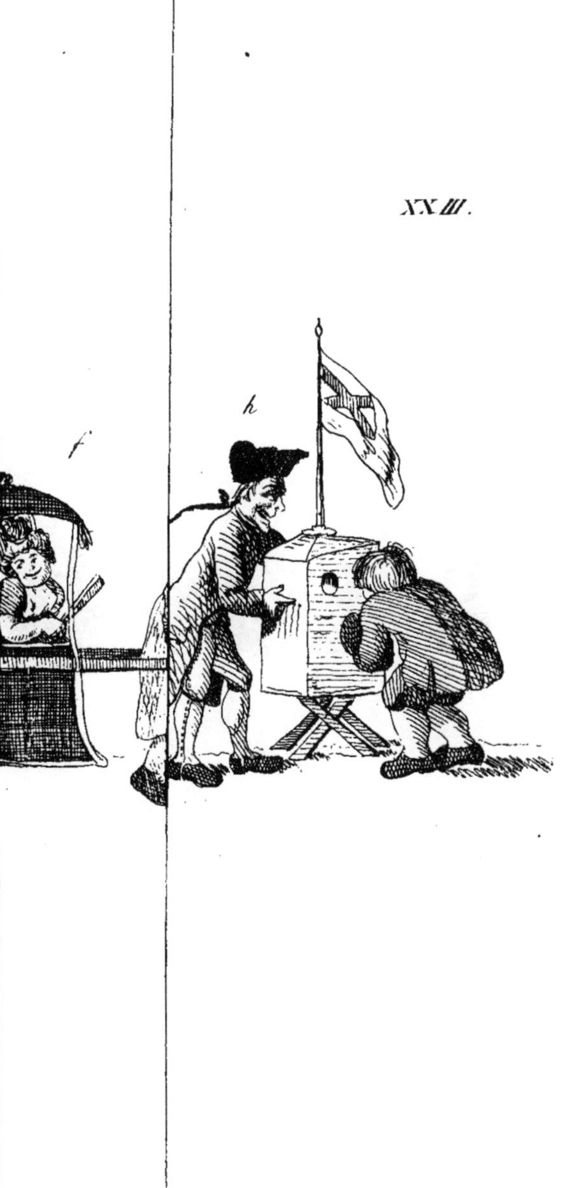
XXIII.
f
h

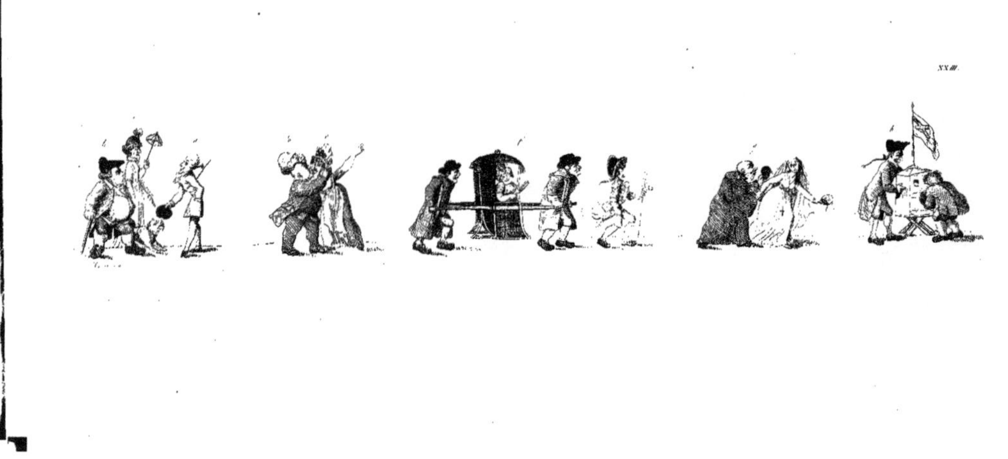
XXIII.

XXIV.

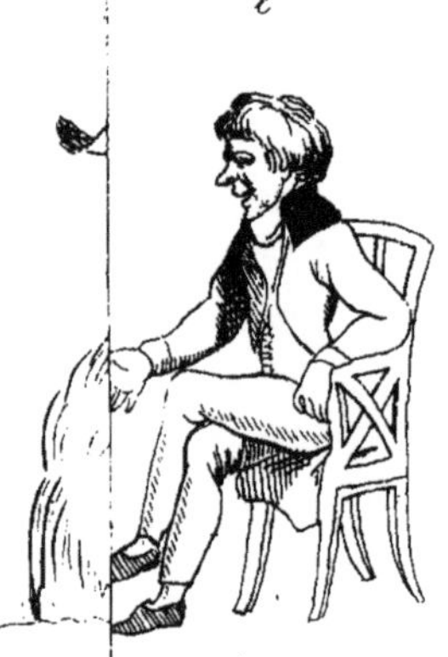

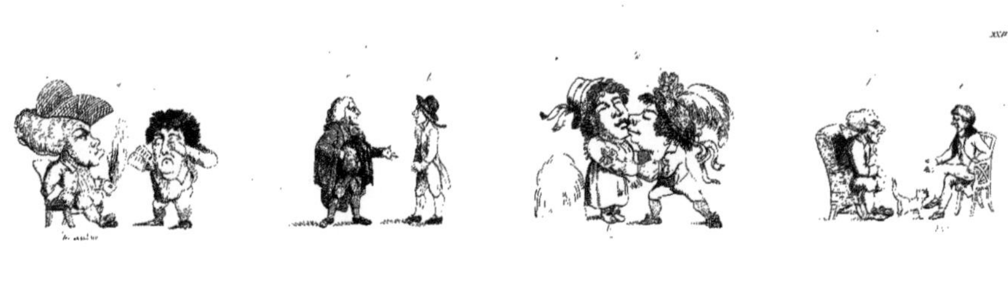

XXV

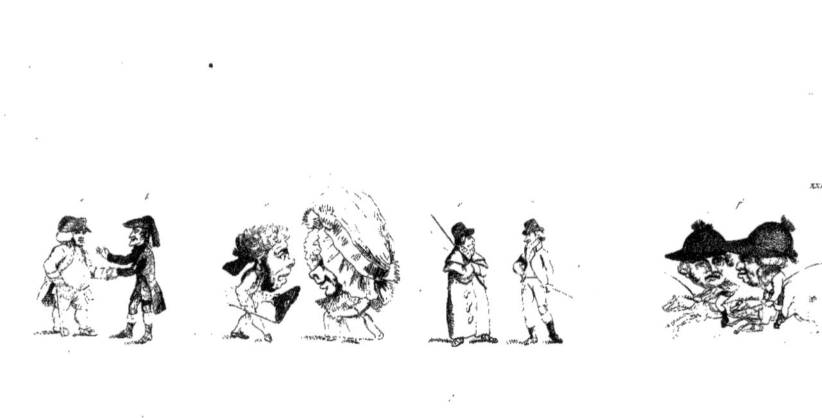

XXII.

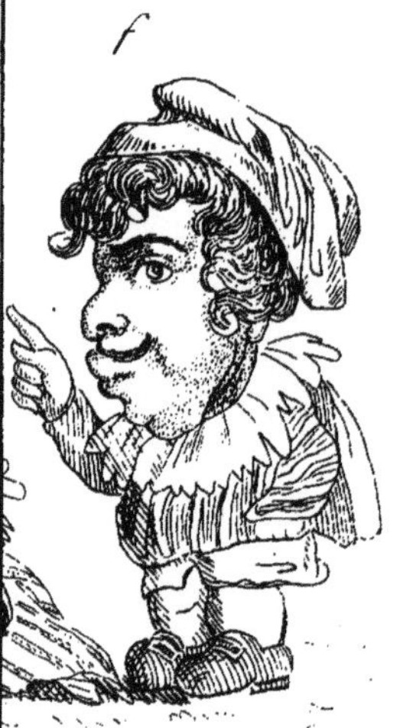

XXVI.

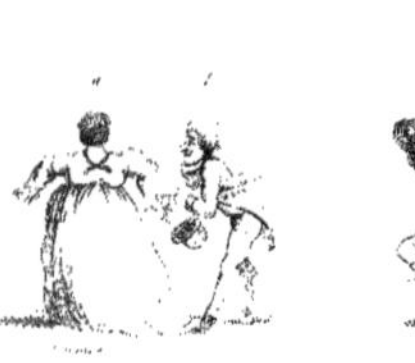

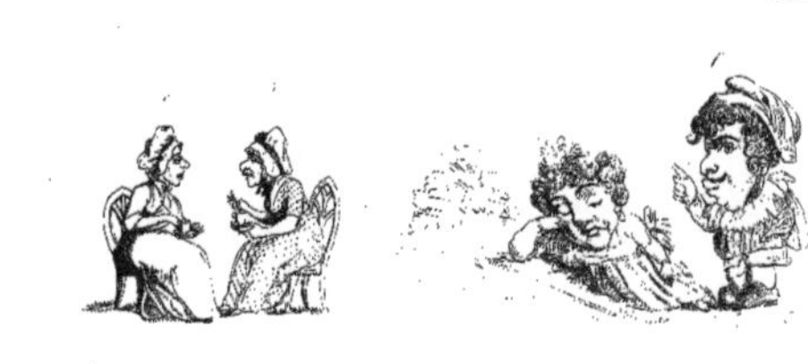

XXVII.

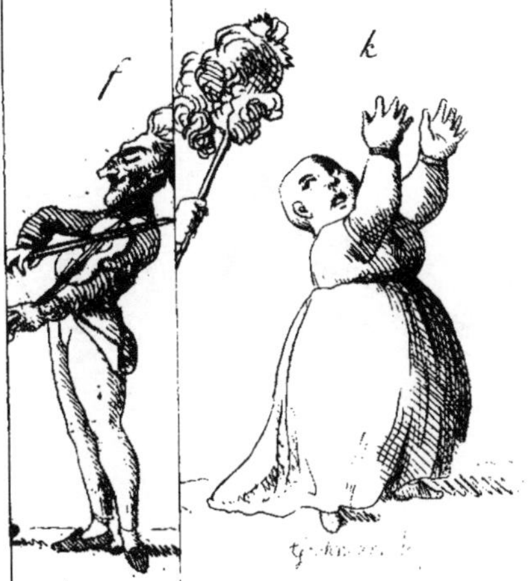

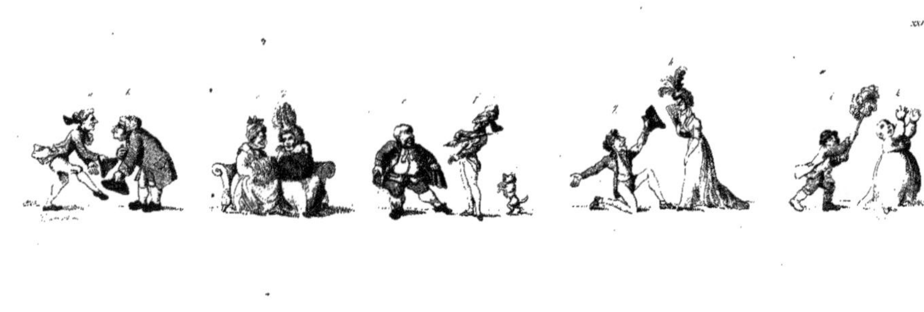

XXVIII.

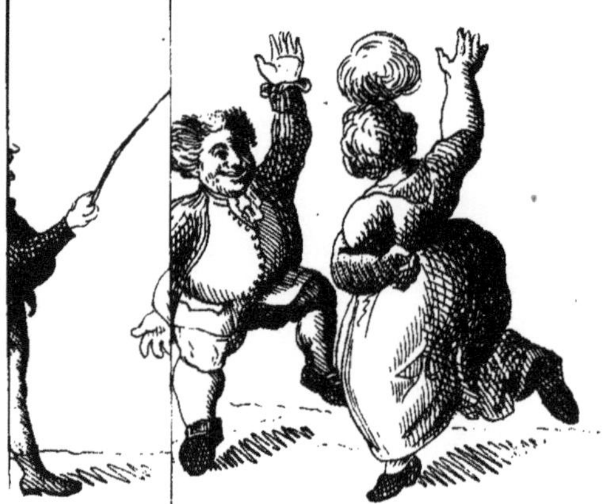

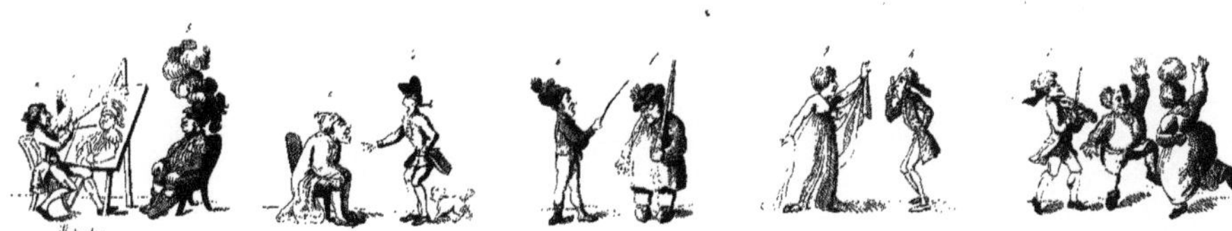

www.ingramcontent.com/pod-product-compliance
Ingram Content Group UK Ltd.
Pitfield, Milton Keynes, MK11 3LW, UK
UKHW020335180726
13839UKWH00002B/720